7

DECRETOS
PARA 7 DÍAS

Decreta una cosa,
y se te cumplirá,
y en tus caminos
resplandecerá la luz.

Job 22:28

PATRICIA KING

Publicado por:
Patricia King Enterprises
Distribuido por:
Patricia King Ministries
PO Box 1017, Maricopa AZ 85139
PatriciaKing.com

ISBN: 978-1-621660-329-4

CONTENIDO

¿QUÉ ES UN DECRETO?

Una definición de la palabra decreto es:

1. Una orden oficial dada por una persona con poder o por un gobierno.

2. Una decisión oficial tomada en un tribunal.

3. Ordenar o decidir por decreto.

4. Una orden formal y autoritaria.

La autoridad más alta en todo el universo es la de Jesucristo. Él declaró en Mateo 28:18: "Toda potestad [autoridad] me es dada en el cielo y en la tierra".

Las Escrituras también nos enseñan que la Palabra de Dios es exaltada por encima de Su nombre (Salmo 138:2). Su Palabra tiene la autoridad final. Por tal motivo, cuando decretamos Su verdad, la cual representa la Palabra, experimentamos los beneficios y Él es glorificado.

"Escriban a todos los judíos, a nombre mío,
lo que a ustedes les parezca bien, y sellen ese
escrito con mi anillo. Como saben, un edicto
que se escribe a nombre del rey, y que se sella
con su anillo, no puede ser revocado."

– Ester 8:8 –

"Decreta una cosa y se te cumplirá,
y en tus caminos resplandecerá luz".

–Job 22:28 –

Nota del traductor:

La palabra "decreta" viene de la raíz hebrea "gazar," que sig-
nifica "cortar, dividir, decretar, decidir, determinar," según la ver-
sión original en inglés de la Concordancia de Strong y el Léxico
Hebreo-Inglés de Brown, Driver y Briggs. Varias de las versiones de
la Biblia en inglés usan la palabra "decreta" en Job 22:28. Aunque
ni la traducción al castellano de estas obras, ni las versiones en
castellano de la Santa Biblia incluyen el término "decreta," es una
traducción fiel.

El poder de la Palabra de Dios

Cada uno de los decretos en este libro representa una verdad profunda y está basada en promesas encontradas en la Biblia. Jesús dijo, "Tu Palabra es verdad" (Juan 17:17).

La poderosa Palabra de Dios tiene la capacidad de influir en tu vida y transformarla. En Cristo tienes un pacto eterna e inquebrantable. ¡Todas Sus promesas son "Sí" y "Amén" (2 Corintios 1:20) para ti! La confesión diaria de Su verdad fortalecerá a tu hombre interior, te prepara para toda buena obra, y te otorga victorias. ¡Su palabra siempre prevalece cuando es decretada en fe y con convicción! A continuación presento algunas razones por la cuales la confesión de la Palabra es poderosa en nuestras vidas.

La Palabra de Dios:

Es eterna en los cielos *−Mateo 24:35*

No regresa vacía –*Isaías 55:11*

Da forma a lo que es la voluntad de Dios –*Hebreos 11:3*

Despacha a ángeles –*Salmo 103:20*

Trae luz a las tinieblas –*Salmo 119:130*

Es lámpara a nuestros pies y luz a nuestro camino –*Salmo 119:105*

Nos da bendiciones y provisión para la vida y la piedad – Efesios *1:3; 2 Pedro 1:3*

Es semilla que produce cosecha –*Marcos 4*

Es arma de nuestra milicia –*Efesios 6:10-20; 2 Corintios 10:3-5*

Derriba argumentos –*2 Corintios 10:3-5*

Crea –*Romanos 4:17*

Santifica –*Juan 17:17*

Fortalece al hombre interior –*Efesios 5:26*

Asegura respuestas a nuestras oraciones –*Juan 15:7*

¿Cuál es el significado del número "7"?

El número 7 con frecuencia se usa como símbolo de algo ya completo o maduro – indicando un tiempo de empezar a descansar. Por ejemplo, Dios terminó de crear a la tierra, y luego descansó, el séptimo día.

Cristo completó nuestra salvación, y como resultado, vivimos desde una postura de descanso en lo que él ya ha completado y nos da dado. No nos esforzamos para ser bendecidos en Cristo, SOMOS bendecidos en Cristo porque Él lo completó para nosotros.

Los 7 decretos escritos para cada día son una celebración de Su obra terminada en la cruz. Estamos decretando lo que ya se ha establecido en los cielos.

Los 7 decretos representan 7 áreas de tu vida que Dios ha bendecido por medio de Cristo. Al hacer los decretos cada día, estás enviando una verdad, con toda la autoridad del pacto que tenemos, al reino espiritual, y como resultado, estas verdades SÍ se manifestarán en tu vida. Estás enviando la verdad como semilla, y en cada semilla hay cosecha.

¡¡Es fácil!!

Es tan fácil como lo es plantar una semilla en la tierra, decretar la Palabra de Dios en el espíritu. Cada día, decreta los "7 decretos" en fe y enfoque audaz, los cuales representan 7 áreas de tu vida. Te tomará menos de dos minutos. Toda persona puede invertir esa cantidad de tiempo, y porque es tan fácil y demanda tan poco, puedes hacer estos decretos varias veces durante tu día. Cada vez que haces un decreto estás plantando más semilla, y cada semilla te da cosecha. Muy poco esfuerzo te da resultados asombrosos a la vez que te mantienen enfocado en el Señor y afirma tu postura como Su hijo cada día.

Incluye a tus seres queridos en tus decretos también. Envía decretos, llenos de fe, de Su verdad a favor de tus seres queridos y observa cómo Dios hace cosas asombrosas en su vida. Es imposible enviar Su Palabra sin obtener resultados.

¿Listo para hacerlo? ¡Acción!

DÍA 1

"Decreta una cosa, y se te cumplirá,
Y en tus caminos resplandecerá luz".
— Job 22:28 —

1. **DEVOCIÓN A DIOS**
   Amo al Señor mi Dios con todo mi corazón, mi mente y mis fuerzas, y reconozco que Su amor es la cobertura sobre mi vida. Me comprometo a Él y a Su amor este día en cuerpo, alma, y espíritu.

2. **SABIDURÍA**
   Estoy lleno con la sabiduría de Dios y todas sus bendiciones hoy. Cuando pido sabiduría, recibo sabiduría generosamente. Amo, honro, y abrazo la sabiduría. La sabiduría me favorece. La sabiduría me llena.

3. **BENDICIONES**
   Me sobrepasan las bendiciones hoy. El cielo de Dios está abierto sobre mi vida. Soy bendecido

en mi entrar y en mi salir. Soy bendecido en todo aquello a lo que pongo mi mano a hacer.

4. **FAVOR**
Me rodea el favor como un escudo. Hoy, crezco en favor con Dios y con el hombre. Soy favorecido en todo lo que soy y todo lo que hago. Mi vida está empapada y saturada con el favor de Dios.

5. **PROTECCIÓN**
Hoy, estoy escondido en Dios y protegido de todo mal. Él ha asignado a ángeles para guardarme en todos mis caminos. Dios es un muro de fuego en mi derredor y gloria en medio de mí.

6. **SALUD**
Soy fuerte en el Señor y en el poder de Su fuerza. Camino en salud y sanidad divina el día de hoy. Como mis días son, así serán mis fuerzas.

7. **PROVISIÓN FINANCIERA**
Todas mis necesidades se suplen por medio de las riquezas en gloria en Cristo Jesús. Dios me ha dado este día el poder para hacer riquezas a fin de confirmar Su pacto de amor y bendición.

DÍA 2

*Tu palabra es lámpara a mis pies y luz a
mi camino.*

— Salmo119:105 —

1. **DEVOCIÓN A DIOS**
   Adoro y exalto al Señor con todo mi corazón.
   Él me llena con la revelación de Su corazón,
   Su presencia y Su verdad. Él está en mis pensa-
   mientos y meditaciones durante todo el día.

2. **SABIDURÍA**
   La sabiduría me empodera hoy y me da conocimiento, entendimiento y consejo. Estoy lleno
   con sabiduría fresca y todas las bendiciones de
   la sabiduría me persiguen.

3. **BENDICIONES**
   Todo lo que hago hoy es bendecido. Soy bendecido por Dios y he sido creado para ser una
   bendición. Las naciones son bendecidas por
   medio de Cristo en mí.

4. **FAVOR**
   El favor que Dios me ha dado dura para toda la vida y nunca disminuirá. Este favor inmerecido abre puertas de oportunidad, promociones, y bendiciones inesperadas para mí el día de hoy.

5. **PROTECCIÓN**
   Ninguna arma forjada contra mí hoy prospera y cada palabra que se levanta en contra de mí muere inmediatamente. Toda asignatura o asalto que el enemigo planee contra mí es cancelado en el nombre de Jesús.

6. **SALUD**
   El Señor es mi fuerza y mi escudo este día. Mi cuerpo, mente y emociones responden a Su amor, verdad y sabiduría. Estoy satisfecho con una vida larga, sana y vibrante.

7. **PROVISIÓN FINANCIERA**
   Siembro abundantemente, así que siego abundantemente. Decreto que mi semilla financiera es bendecida. Cada semilla que he sembrado está produciendo una cosecha abundante para mí al treinta, sesenta y cien por ciento. Hoy en fe, llamo a mi cosecha desde el norte, sur, este y oeste. COSECHA, VEN AHORA.

DÍA 3

Así también mi palabra, cuando sale de mi boca, no vuelve a mí vacía, sino que hace todo lo que yo quiero, y tiene éxito en todo aquello para lo cual la envié.

— Isaías 55:11 —

1. **DEVOCIÓN A DIOS**
   Totalmente dedico mi corazón y vida a Dios este día. Todo lo que soy y lo que hago es para Él y Su gloria. Lo adoro hoy en espíritu y en verdad.

2. **SABIDURÍA**
   La sabiduría me enseña a vivir de manera santa. Camino con carácter recto y tomo decisiones rectas que producen resultados fructíferos porque la sabiduría me guía hoy.

3. **BENDICIONES**
   Estoy bendecido con toda bendición espiritual en los lugares celestiales y todo lo que pertenece a la vida y la piedad. Dios me bendice y hace

que Su rostro resplandezca sobre mí. Él me muestra Su gracia y me da paz.

4. **FAVOR**
El favor de Dios va delante de mí hoy y hace que mi camino tenga éxito. Soy favorecido en mis relaciones con otros, tratos financieros, y en todas las actividades y asuntos que tengan que ver con mi casa, negocio y lugar de trabajo.

5. **PROTECCIÓN**
Dios es mi protección y mi retaguardia. Él va delante de mí y endereza los lugares torcidos, y dirige mis pasos en seguridad.

6. **SALUD**
Hoy, prospero y disfruto de salud vibrante así como mi alma prospera. Mi mente, voluntad y emociones están llenas hoy de bondad, fe y expectación positiva. Como resultado, mi cuerpo responde.

7. **PROVISIÓN FINANCIERA**
Mi Padre celestial sabe lo que necesito y me da en este día mi pan de cada día. Estoy llena en Su abundancia y bondad. Lo honro gozosamente con lo primero y lo mejor de todo lo que recibo.

DÍA 4

Ciertamente, la palabra de Dios es viva y poderosa, y más cortante que cualquier espada de dos filos.
— Hebreos 4:12a NVI —

1. **DEVOCIÓN A DIOS**
   Entrego a Dios todo mi corazón, todo mi amor, y toda mi vida para que Él haga con ellos lo que Él quiera. Me rindo totalmente a Su Espíritu Santo y dirección en este día.

2. **SABIDURÍA**
   La sabiduría camina de cerca conmigo hoy, porque yo amo la sabiduría. Sigo las instrucciones de sabiduría y bebo del pozo de sabiduría. Porque obedezco la sabiduría, se me otorga éxito, prosperidad y honra.

3. **BENDICIONES**
   Soy bendecido con abundancia y aumento el día de hoy. He engrandecido mi esfera de influencia y éxito. Dios está conmigo hoy para bendecirme y hacer que yo sea de bendición.

4. **FAVOR**

   El favor se levanta sobre mí el día de hoy tan seguro como el sol se levanta al comienzo de cada nuevo día. Mis pasos están bañados en leche y saturados con la bondad de Dios.

5. **PROTECCIÓN**

   Jesucristo es la gloria y el levantador de mi cabeza. Él es el Rey de Gloria – el Señor fuerte y poderoso, el Señor fuerte en batalla. Él es mi protector y me está guardando a mí, a todos quienes amo, y todo lo que me pertenece en este día.

6. **SALUD**

   Hoy, yo camino en el rejuvenecimiento del Señor. Recibo nuevo poder con fuerza, energía y lucidez. Cada célula y órgano de mi cuerpo responde al poder y la justicia de Cristo. Plenitud y salud divina me llenan este día.

7. **PROVISIÓN FINANCIERA**

   Soy bendecido financieramente. Busco primero el reino de Cristo y Su justicia así que todo lo demás me es añadido. Las bendiciones provisionales son atraídas a mí porque yo pongo a Dios primero en todas las cosas. Camino en abundancia financiera hoy y siempre.

DÍA 5

Señor, tu palabra es eterna,
y permanece firme como los cielos..
— Salmo 119:89 —

1. **DEVOCIÓN A DIOS**
   Mi corazón está fijo en el Señor. Me acerco más a Su corazón y camino en Sus caminos. Mi fe en Él crece y mi adoración a Él se hace más profunda este día.

2. **SABIDURÍA**
   Recibo de la vida que está en la mano derecha de la sabiduría y las riquezas y honor que están en la mano izquierda de la sabiduría.

3. **BENDICIONES**
   Soy completamente bendecido y fructífero porque la bendición del Señor fue decretada sobre mi vida por Dios mismo en Génesis 1:28. Todo lo que hago es bendecido. Todo lo que tengo es bendecido. Todo lo que soy es bendecido.

DIA 6

"Como saben, un edicto que se escribe a
nombre del rey, y que se sella con su anillo, no
puede ser revocado.."
— Esther 8:8 —

1. **DEVOCIÓN A DIOS**
   Adoro al único verdadero Dios, el Creador de todos los cielos y la tierra. No inclinaré mi corazón a ningún otro. Mi corazón está firme y siempre abunda en la obra del Señor.

2. **SABIDURÍA**
   La sabiduría dirige mis pasos, y me llena de integridad, discernimiento y sano consejo hoy. Soy bendecido porque la abrazo. Es árbol de vida para todo aquel que se aferra a ella, así que soy feliz y bendecido porque yo estoy aferrado a ella.

3. **BENDICIONES**
   El bien y la misericordia me siguen todos los días de mi vida. El Señor me revela Su bondad y todas las cosas obran para bien en mi beneficio. Siembro bendiciones con deleite y expectación el día de hoy.

4. **FAVOR**

Mis pasos son ordenados por el Señor. Cuando comparto Su amor y verdad con otros, soy favorecido y el mensaje vivificante del evangelio es recibido. Soy favorecido por mi familia, amigos, colegas, clientes, vecinos, y toda persona con quien me encuentro y a quien sirvo hoy,

5. **PROTECCIÓN**

Dios me protege hoy y guarda mi camino. Camino en discernimiento, sabiduría, y discreción en cada decisión que tomo, por lo que soy guardado de las consecuencias que puedan causar daño. Estoy seguro en la luz de la presencia y el rostro de Dios.

6. **SALUD**

La sangre de Jesucristo fluye por mi espíritu, en mi cuerpo y alma, trayendo sustento. Soy reabastecido en fuerza, vitalidad, paz y salud este día.

7. **PROVISIÓN FINANCIERA**

Así como Isaac sembró semilla y ese mismo año cosechó al cien por uno, fue bendecido, y se hizo rico, hoy estoy posicionado para recibir aumento, multiplicación y los mismos efectos en la semilla que yo siembro en fe. (Genesis 26:12-13)

DÍA 7

El espíritu es el que da vida; la carne para
nada aprovecha. Las palabras que yo les he
hablado son espíritu y son vida.

– Juan 6:63 –

1. **DEVOCIÓN A DIOS**
   El Señor es mi fuerza y mi escudo. Él es mi justicia, mi santificación, sabiduría y redención. Estoy totalmente dedicado a Él y me rindo a Él este día en espíritu, alma y cuerpo. Lo adoro con un corazón lleno y agradecido.

2. **SABIDURÍA**
   La sabiduría me otorga bendiciones que son mucho más valiosas que la plata preciosa, el oro fino, y las joyas preciosas. La sabiduría llena mi mente y mi corazón hoy con justo consejo, entendimiento y conocimiento. La sabiduría está cerca de mí hoy y siempre.

3. **BENDICIONES**
   Soy un imán de bendiciones. Hoy las bendiciones son atraídas a mí. Soy bendecido en mi entrar y en mi salir. La bendición del Señor me da

riquezas y no añade tristeza a ella.

4. **FAVOR**
   Se me ha concedido favor por parte de Dios como un regalo. No lo gano por mi propio esfuerzo pero lo disfruto cada día. Alabo al Señor hoy por su regalo asombroso de favor y gracia, y creo que se manifestará hoy en cada aspecto de mi vida.

5. **PROTECCIÓN**
   Mi ayuda viene del Señor quien hizo al cielo y la tierra. Él es mi guardador y la sombra a mi mano derecha. Dios no permitirá que mi pie resbale. Él guardará mi salida y mi entrada en este día.

6. **SALUD**
   No permito que las palabras de Dios me abandonen, porque son salud para mi cuerpo, alma y espíritu. Este día camino en sanidad y salud divina.

7. **PROVISIÓN FINANCIERA**
   Vivo bajo el factor de bendición y aumento de las promesas de Dios. Todo aquello con lo cual bendigo a otros es reabastecido y aumentado. Camino y vivo en la dimensión sobrenatural y en provisión milagrosa todos mis días. Decreto que soy rico en todas las cosas.

4. **FAVOR**

El favor inmerecido de Dios descansa sobre mi vida y llena mi vida. Su favor me invita a disfrutar de las dimensiones de Su gloria y bondad hoy.

5. **PROTECCIÓN**

Camino en la seguridad del Señor. Él no permite que mi pie resbale y me libera de las trampas del enemigo. Vivo en la luz como Él está en la luz, y las tinieblas no me pueden tocar.

6. **SALUD**

Mi corazón, mis pulmones, huesos, hígado, sistema inmunológico, y cada órgano y célula de mi cuerpo es bendecido con salud, sanidad y vitalidad. Salud divina me llena hoy.

7. **PROVISIÓN FINANCIERA**

Cada cosa buena que tengo aumenta y se multiplica porque tengo la bendición del Señor sobre mi vida. Soy fiel y obediente a la Palabra de Dios en cuanto a mi mayordomía financiera. Ejerzo sabiduría en todos mis asuntos financieros.

Acerca de Patricia King

Patricia King es una ministra del evangelio altamente respetada a nivel internacional. Ha servido fielmente al Señor por más de treinta años en diferentes capacidades, como conferencista, profeta, pastora, autora, maestra, y más. Ella es fundadora de Patricia King Ministries, Women in Ministries Network – una red que celebra a las mujeres que sirven en cualquier área de ministerio dentro de las siete montañas (esferas) de influencia – y es co-fundadora de XPmedia.com – un sitio de internet que ofrece gran diversidad de videos con mensajes, enseñanzas, palabras proféticas, etc. por parte de ministros y otras voces reconocidas con alcance mundial. Además, ha escrito muchos libros, producido CDs y DVDs, y es anfitriona del programa de televisión "Patricia King— Everlasting Love" (Patricia King— Amor Eterno).

Conexiones:

Sitio web Patricia King: PatriciaKing.com

Facebook: Facebook.com/PatriciaKingPage

Patricia King Institute: PatriciaKingInstitute.com

Women on the Frontlines y Women in Ministry Network: Woflglobal.com

Programa de televisión Patricia King – Everlasting Love y muchos otros videos: XPmedia.com

Libros de Patricia King en Español

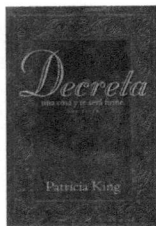

Decreta – *una cosa y será establecida.*
Decretos basados en la Biblia sobre favor, salud, prosperidad, victoria, ministerio, sabiduría, familia, y muchos más.

7 Decretos para 7 Días
Decretos diarios en las áreas de Dios, sabiduría, bendición, favor, protección, salud, y provisión financiera

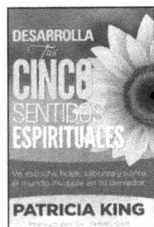

Desarrolla Tus Cinco Sentidos Espirituales – Ve, escucha, huele, saborea y siente el mundo invisible en tu derredor

La Unción de Reabastecimiento
Revelación y claves para vivir en aumento sobrenatural

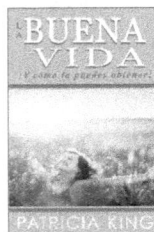

La Buena Vida – Claves para vivir la vida plena, próspera, y llena de propósito para la cual fuiste creado.

Sueñe en Grande
Cómo la segunda mitad de la vida puede ser la mejor

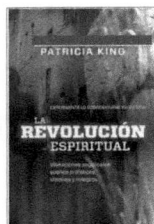

La Revolución Espiritual
Visitaciones angelicales, sueños proféticos, visiones y milagros

La Luz Pertenece a las Tinieblas
Encuentre su lugar en la cosecha divina en el final de los tiempos

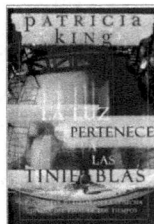

Adquiérelos en Patriciaking.com y Amazon.com